BEI GRIN MACHT SICH IHR WISSEN BEZAHLT

- Wir veröffentlichen Ihre Hausarbeit,
  Bachelor- und Masterarbeit

- Ihr eigenes eBook und Buch -
  weltweit in allen wichtigen Shops

- Verdienen Sie an jedem Verkauf

Jetzt bei www.GRIN.com hochladen
und kostenlos publizieren

Bibliografische Information der Deutschen Nationalbibliothek:

Die Deutsche Bibliothek verzeichnet diese Publikation in der Deutschen National-
bibliografie; detaillierte bibliografische Daten sind im Internet über http://dnb.d-
nb.de/ abrufbar.

Impressum:

Copyright © 2013 GRIN Verlag, Open Publishing GmbH
Druck und Bindung: Books on Demand GmbH, Norderstedt Germany
ISBN: 978-3-668-14486-6

Dieses Buch bei GRIN:

http://www.grin.com/de/e-book/315176/partizipation-in-deutschland-bedeutung-
aufgaben-rechte-und-praxis-des

Anonym

Partizipation in Deutschland. Bedeutung, Aufgaben, Rechte und Praxis des Betriebsrats

GRIN Verlag

GRIN - Your knowledge has value

Der GRIN Verlag publiziert seit 1998 wissenschaftliche Arbeiten von Studenten, Hochschullehrern und anderen Akademikern als eBook und gedrucktes Buch. Die Verlagswebsite www.grin.com ist die ideale Plattform zur Veröffentlichung von Hausarbeiten, Abschlussarbeiten, wissenschaftlichen Aufsätzen, Dissertationen und Fachbüchern.

Besuchen Sie uns im Internet:

http://www.grin.com/

http://www.facebook.com/grincom

http://www.twitter.com/grin_com

Philipps-Universität Marburg
Fachbereich 03 – Gesellschaftswissenschaften und Philosophie
Institut für Soziologie
Wintersemester 2012/13
Datum: 06.03.2013

Verschriftlichung des Referats vom 05.11.2012

Partizipation und Industrielle Beziehungen in Deutschland:

Mitbestimmung

Einleitung und Part 2 der mündlichen Präsentation (Titel: Betriebsrat)

Studiengang: B.A. Politikwissenschaft
5. Fachsemester

Inhalt

1. Einleitung

Zur Einordnung des Themas Mitbestimmung ist zunächst die Betrachtung der Institutionen des bundesdeutschen Systems der Industriellen Beziehungen nötig. Den Ausgangspunkt dieses Systems bildet der Widerspruch zwischen Kapital und Arbeit. Verkürzt betrachtet, stehen die Interessen des Kapitals nach möglichst hoher Verwertung des eingesetzten Kapitals, also das Interesse nach Gewinn, den Interessen der Arbeit nach hohen Einkommen und guten Arbeitsbedingungen entgegen. Dieser Widerspruch lässt sich im Kapitalismus nicht lösen, allerdings sorgt das bundesdeutsche System der industriellen Beziehungen dafür, dass Kämpfe zwischen Kapital und Arbeit innerhalb eines genau ausdefinierten und verrechtlichten Rahmens stattfinden.[1]

Das deutsche System besteht aus einer inoffiziellen und zwei offiziellen Ebenen, weshalb es als duales System bezeichnet wird. Auf politischer Ebene stehen sich die Dachverbände der Gewerkschaften und der Arbeitgeber_innen gegenüber und versuchen politische Entscheidungen zu beeinflussen, das sind z.B. der Deutsche Gewerkschaftsbund (DGB) und die Bundesvereinigung der deutschen Arbeitgeber (BDA). Diese Lobbygruppen haben keinen direkten Einfluss auf die Verkaufs- und Nutzungsbedingungen der Ware Arbeitskraft und aus der Tarifautonomie folgt eigentlich eine Staatsfreiheit, weshalb diese politische Ebene eigentlich nicht Teil des Systems ist.

Das duale System besteht aus einer überbetrieblichen und einer betrieblichen Ebene. Überbetrieblich stehen sich Gewerkschaften und Arbeitgeber_innenverbände gegenüber, um Tarifverträge auszuhandeln, die in der Regel für mehrere Betriebe einer Branche und einer Region gelten, also Flächentarifverträge sind. Konkret sind das z.B. die IG Metall und Gesamtmetall, die sich auf Mindestnormen hinsichtlich des Lohns und der Arbeitszeit einigen. Auf betrieblicher Ebene stehen sich im Wesentlichen der BR und das Management gegenüber, um die Einsatzbedingungen der Arbeitskraft zu verhandeln. In Kapitalgesellschaften wird die Mitbestimmung in der BRD ab einer gewissen Größe auf die Aufsichtsräte erweitert.[2]

---

[1] Vgl. Imbusch, Peter (2010): Sozialwissenschaftliche Konflikttheorien. Ein Überblick. In: Imbusch, Peter/ Zoll, Ralf (Hrsg.): Friedens- und Konfliktforschung. Eine Einführung. 5. Auflage. Wiesbaden. S. 143-178. S. 158.
[2] Vgl. Kißler, Leo (2010): Arbeitsbeziehungen – Die „Konfliktpartnerschaft" zwischen Kapital und Arbeit. In: Imbusch, Peter/ Zoll, Ralf (Hrsg.): Friedens- und Konfliktforschung. Eine Einführung. 5. Auflage. Wiesbaden. S. 459-484. S. 464 ff.

2. Betriebsrat

Im Folgenden werden Zahlen erläutert, die die Bedeutung des Betriebsrates (folglich BR) unterstreichen, daraufhin werden die Funktionen des Betriebsrates erklärt und zwei Probleme der Betriebsratsarbeit dargestellt.

2.1. Bedeutung des Betriebsrats

2009 waren 43 Prozent der in der Privatwirtschaft Beschäftigten und 90 Prozent der im öffentlichen Dienst Beschäftigten durch einen BR oder Personalrat (folglich PR) vertreten. Insgesamt hat also knapp die Hälfte aller Beschäftigten eine Interessenvertretung. Dabei gibt es Unterschiede zwischen Ost- und Westdeutschland. In den 10 % der Westdeutschen Betriebe, die einen BR haben, sind 45 % durch einen BR vertreten, in den 9 % der ostdeutschen Unternehmen 37 %. Die kleine Anzahl an Betrieben mit BR zeigt, dass vor allem Großunternehmen eine Interessenvertretung besitzen, was auch ein Blick auf die Branchen zeigt. Branchen mit geringer Beschäftigtenzahl, wie das Bau- oder Gaststättengewerbe, haben ehr selten ein BR, wohingegen die beschäftigungsstarken Branchen Bergbau, Energie und Versicherungen sehr häufig ein Vertretungsorgan besitzen.[3] Aus einer weiteren Erhebung der Hans-Böckler-Stiftung geht ebenfalls hervor, dass die Größe des Betriebes ausschlaggebend für die Existenz des BR ist.[4] Dass der BR von den Beschäftigten als wichtig wahrgenommen wird, zeigt sich u.a. an der Wahlbeteiligung zu BR-Wahlen, die wesentlich höher ist, als z.B. bei Bundestagswahlen. 2010 wählten insgesamt über 80 %, wobei die Bereitschaft in kleinen Betrieben wesentlich stärker ausgeprägt ist als in Großbetrieben.[5]

2.2. Aufgaben und Rechte des Betriebsrats

BR und Management verhandeln im Wesentlichen die Einsatzbedingungen der Arbeitskraft. Dabei geben zum einen das Betriebsverfassungsgesetz (BetrVG) und zum anderen die geltenden Tarifverträge den Handlungsrahmen vor. Im Gegensatz zu Gewerkschaften vertreten BR alle Beschäftigte, außer solchen in leitender Position. Für BR besteht eine Friedenspflicht und somit kein Streikrecht. Auch wenn sich die Interessen von Beschäftigten und Management entgegenstehen, ist der BR laut BetrVG dazu verpflich-

---

[3] Vgl. Hans-Böckler-Stiftung (2009): Betriebliche Mitbestimmung in Zahlen. Online unter: <http://www.boeckler.de/hbs_showpicture.htm?id=28831&chunk=1>; Stand: 30.10.2012.
[4] Vgl. Hans-Böckler-Stiftung (2008): Große mit mehr Vertretung. Online unter: <http://www.boeckler.de/hbs_showpicture.htm?id=32434&chunk=1>; Stand: 30.10.2012.
[5] Vgl. Hans-Böckler-Stiftung (2011): Beteiligung auf hohem Niveau. Online unter: <http://www.boeckler.de/hbs_showpicture.htm?id=36110&chunk=1>; Stand: 30.10.2012.

tet mit dem Management „vertrauensvoll"[6] und zum „Wohl der Arbeitnehmer und des Betriebs"[7] zusammenzuarbeiten. Da der BR keine Kampfmittel hat, ist er auf verschiedene Rechte angewiesen:

2.2.1. Informations- und Beratungsrechte

Der BR darf alle Informationen vom Management einfordern, die eine ordnungsgemäße Durchführung seiner Tätigkeit benötigt. D.h. wenn Einstellungen, Versetzungen oder Kündigungen geplant sind, muss das Management den BR informieren. Dazu kommt eine Informationspflicht bei geplanten technischen und organisatorischen Veränderungen. Diese Informationsrechte gelten insbesondere in Bereichen, die wirtschaftliche Angelegenheit betreffen, in denen der BR prinzipiell keine Eingriffsmöglichkeiten hat. Eigentlich muss diese Information rechtzeitig erfolgen, also so, dass der BR darauf noch reagieren kann.[8] Das sieht in der Realität häufig anders aus. Von den 43 Prozent der Betriebe, die Aufgaben outgesourcet haben, haben weniger als die Hälfte den BR im Vorfeld informierten. Ähnlich verhält es sich bei der Leiharbeit oder Unternehmensauslagerung. Ein weiteres Problem beim Informationsrecht ist, dass Betriebsgeheimnisse auch vom BR geheim gehalten und nicht an die Belegschaft weitergegeben werden dürfen.[9]

2.2.2. Anhörungsrechte

D.h. der BR muss angehört werden. Das ist z.B. bei betriebsbedingten Kündigungen der Fall. Will die_der gekündigte Mitarbeiter_in gegen die Kündigung klagen, so kann ihm der BR helfen, indem er der Kündigung widerspricht. Danach muss die_der Mitarbeiter_in bis zum Abschluss des Verfahrens weiter beschäftigt werden. Außerdem ist eine Kündigung ohne eine Anhörung des BR unwirksam, obwohl er die Kündigung an sich nicht verhindern kann. Außerdem muss sich das Management die Meinung des BR zu technischen Neuerungen, der Änderung der Arbeitsorganisation und Arbeitsabläufen oder in der Ausbildung anhören. Das ändert zwar nichts an der Entscheidung, wird aber

---

[6] § 2 I 1 BetrVG
[7] ebd.
[8] Vgl. IG Metall (2012): Welche Mitbestimmungsrechte hat der Betriebsrat? Welche Beratungsrechte hat der Betriebsrat? Welche Informationsrechte hat der Betriebsrat? Online unter: <http://netkey40.igmetall.de/homepages/virtueller-gewerkschaftssekretaer/1betriebsratundbetriebsratsarbeit/14rechteundpflichtendesbetriebsrates/141-143welcherechtehatderbetriebsrat.html>; Stand: 30.10.2012.
[9] Vgl. Hans-Böckler-Stiftung (2008): Wichtiges erfährt der Betriebsrat oft zu spät. Online unter: <http://www.boeckler.de/cps/rde/xchg/hbs/hs.xsl/hbs_showpicture.htm?id=32561&chunk=2>; Stand: 30.10.2012.

interessant, wenn das Management die Anhörung vergisst oder übergeht und der BR dann rechtlich dagegen vorgehen kann.[10]

2.2.3. Zustimmungsverweigerungsrechte

Bei personellen Angelegenheiten muss das Management die Zustimmung des BR einholen. Das sind z.b. Versetzungen, Neueinstellungen, sowie Ein- und Umgruppierungen in andere Entgeltgruppen. Lehnt der BR hier ab, muss das Management zum Arbeitsgericht, welches die Zustimmung des BR ersetzen kann.[11]

2.2.4. Erzwingbare Mitbestimmungsrechte

Diese Rechte greifen bei allen Fragen der Arbeitszeitgestaltung, Entlohnungsmethoden, Urlaubsplanung, Richtlinien der Personalpolitik und Fragen der Qualifizierung von Beschäftigten. Dabei kann der BR Regelungen vorschlagen und auf Verhandlungen drängen. Wehrt das Management ab, kann der BR eine Einigungsstelle anrufen, die aus einer gleichen Anzahl von Management- und Arbeitnehmer_innenvertreter_innen und einer neutralen Person besteht. Konkret geht es z.b. um die Parkplatzvergaben, Videoüberwachung, Rauchverbote oder in Bezug auf die Arbeitszeiten, um Pausenzeiten und Gleitzeitvereinbarungen. Der BR kann Überstunden begrenzen und Kurzarbeit einführen oder die Gehaltsstufen und Leistungsprämien festsetzen. Ansonsten kann der BR einen Sozialplan bei Betriebsschließungen durchsetzen und z.B. bei der Einführung von Gruppenarbeiten die Konditionen mitbestimmen.[12]

Zusammenfassen versucht der Betriebsrat in erster Linie die Einhaltung der Tarifverträge und Arbeitsschutzmaßnahmen zu gewährleisten. Er kann zwar auf die Gestaltung von Arbeitszeiten und Entgelten Einfluss nehmen, nicht aber auf deren Höhe und er ist prinzipiell Machtlos im Falle von Stilllegungen, Massenentlassungen und Verlagerungen des Betriebes. Das schafft für den BR eine Position, in der er überhaupt nicht auf Augenhöhe mit dem Management verhandelt. Letzteres kann prinzipiell durch die Androhung einer Standortverlagerung den BR dazu veranlassen Kurzarbeit und Entlassungen zuzustimmen.

---

[10] Vgl. IG Metall (2012): Welche Mitbestimmungsrechte hat der Betriebsrat? A.A.O.
[11] Vgl. IG Metall (2012): Welche Möglichkeiten hat der Betriebsrat bei Einstellungen, Versetzungen, Eingruppierungen, Umgruppierungen? Online unter: <http://netkey40.igmetall.de/homepages/virtueller-gewerkschaftssekretaer/1betriebsratundbetriebsratsarbeit/14rechteundpflichtendesbetriebsrates/146welche mglichkeitenhatderbetriebsratbeieinstellungenversetzungeneingruppierungenumgruppierungen.html>; Stand: 30.10.2012.
[12] Vgl. IG Metall (2012): Welche Mitbestimmungsrechte hat der Betriebsrat? A.A.O.

2.3. Betriebsratpraxis

2.3.1. Verbetrieblichung der Tarifpolitik

Theoretisch sieht das Modell der Industriellen Beziehungen vor, dass Gewerkschaften und Arbeitgeber_innenverbände Flächentarifverträge aushandeln, die vom Betriebsrat umgesetzt werden, da nur sie Tarifautonomie besitzen. Seit Mitte der 90er Jahre wird aber eine zunehmende Erosion der Flächentarifverträge festgestellt, das bedeutet unter anderem, dass Flächentarifverträge immer häufiger Öffnungsklauseln vorsehen, die eine Unterschreitung der Tarife unter bestimmten Bedingungen zulassen. Das funktioniert häufig als „Bündnis für Arbeit" indem Löhne gesenkt oder Arbeitszeiten verlängert werden in der Hoffnung, dass die Arbeitsplätze dadurch erhalten werden können.[13]

2.3.2. Co-Management statt Klassenkampf

Daneben werde die BR zunehmend die gestalterische aktiv bei Modernisierungsmaßnahmen.[14] Diese Einbindung hat für das Management den Vorteil, dass Konflikte von vornherein entschärft werden und es von dem Expertenwissen der Beschäftigten profitiert. Wenn sich der BR allerdings so stark einbringt und wie das Management agiert, dann ist er auch für Ergebnisse mitverantwortlich. Das Co-Management basiert auf der Idee, dass ein wirtschaftlich arbeitender Betrieb automatisch positive Auswirkungen auf die Beschäftigungsverhältnisse hat, weshalb solche Betriebsräte auch Reduzierungen von Lohnbestandteilen und Mehrarbeitszuschlägen gerne zustimmen und sich auf die Suche nach Optimierungsmöglichkeiten im Betrieb machen. Dass es solche Win-Win-Situation eigentlich nicht geben kann, ergibt sich aus dem Widerspruch zwischen Kapital und Arbeit. Wenn Löhne steigen und Arbeitszeiten sinken sollen, ist das mit Gewinnmaximierung unvereinbar. Es kann zwar auf betrieblicher Ebene durchaus Sinn machen, durch das Ausnutzen von Öffnungsklauseln Entgelte zu senken, um so die lokalen Arbeitsplätze zu erhalten. Ein solches Vorgehen zwingt allerdings die Betriebsräte konkurrierender Betriebe gleich zu handeln was im Endeffekt flächendeckend zu sinkenden Entgelte. Generell ist das Co-Management ein schmaler Grat zwischen indem der BR entweder Erfüllungsgehilfe des Kapitals oder langfristiger Bewahrer von Arbeitsplätzen sein kann.

---

[13] Vgl. Heinbach, Wolf/Schröpfer, Stefanie (2007): Typisierung der Tarifvertragslandschaft. Eine Clusteranalyse der tarifvertraglichen Öffnungsklauseln. In: Institut für angewandte Wirtschaftsforschung (IAW) (Hrsg.): IAW-Diskussionspapiere. Nr. 28. S. 4 ff.
[14] Vgl. Rüdt, Diana (2007): Co-Management als neue Anforderung an Betriebsräte? Eine Untersuchung der Praxis. In: Wirtschaft & Politik (WiP). Working Paper Nr. 35 – 2007. S. 17.

Literaturverzeichnis

Hans-Böckler-Stiftung (2008): Große mit mehr Vertretung. Online unter: <http://www.boeckler.de/hbs_showpicture.htm?id=32434&chunk=1>; Stand: 30.10.2012.

Hans-Böckler-Stiftung (2008): Wichtiges erfährt der Betriebsrat oft zu spät. Online unter: <http://www.boeckler.de/cps/rde/xchg/hbs/hs.xsl/hbs_showpicture.htm?id=32561&chunk=2>; Stand: 30.10.2012.

Hans-Böckler-Stiftung (2009): Betriebliche Mitbestimmung in Zahlen. Online unter: <http://www.boeckler.de/hbs_showpicture.htm?id=28831&chunk=1>; Stand: 30.10.2012.

Hans-Böckler-Stiftung (2011): Beteiligung auf hohem Niveau. Online unter: <http://www.boeckler.de/hbs_showpicture.htm?id=36110&chunk=1>; Stand: 30.10.2012.

Heinbach, Wolf/Schröpfer, Stefanie (2007): Typisierung der Tarifvertragslandschaft. Eine Cluster-analyse der tarifvertraglichen Öffnungsklauseln. In: Institut für angewandte Wirtschaftsforschung (IAW) (Hrsg.): IAW-Diskussionspapiere. Nr. 28.

IG Metall (2012): Welche Mitbestimmungsrechte hat der Betriebsrat? Welche Beratungsrechte hat der Betriebsrat? Welche Informationsrechte hat der Betriebsrat? Online unter: <http://netkey40.igmetall.de/homepages/virtueller-gewerkschaftssekretaer/1betriebsratundbetriebsratsarbeit/14rechteundpflichtendesbetriebsrates/141-143welcherechtehatderbetriebsrat.html>; Stand: 30.10.2012.

IG Metall (2012): Welche Möglichkeiten hat der Betriebsrat bei Einstellungen, Versetzungen, Eingruppierungen, Umgruppierungen? Online unter: <http://netkey40.igmetall.de/homepages/virtueller-gewerkschaftssekreta-er/1betriebsratundbetriebsratsarbeit/14rechteundpflichtendesbetriebsrates/146welchemglichkeitenhatderbetriebsratbeieinstellungenversetzungeneingruppierungenumgruppierungen.html>; Stand: 30.10.2012.

Imbusch, Peter (2010): Sozialwissenschaftliche Konflikttheorien. Ein Überblick. In: Imbusch, Peter/ Zoll, Ralf (Hrsg.): Friedens- und Konfliktforschung. Eine Einführung. 5. Auflage. Wiesbaden. S. 143-178.

Kißler, Leo (2010): Arbeitsbeziehungen – Die „Konfliktpartnerschaft" zwischen Kapital und Arbeit. In: Imbusch, Peter/ Zoll, Ralf (Hrsg.): Friedens- und Konfliktforschung. Eine Einführung. 5. Auflage. Wiesbaden. S. 459-484.

Rüdt, Diana (2007): Co-Management als neue Anforderung an Betriebsräte? Eine Untersuchung der Praxis. In: Wirtschaft & Politik (WiP). Working Paper Nr. 35 – 2007.

BEI GRIN MACHT SICH IHR WISSEN BEZAHLT

- Wir veröffentlichen Ihre Hausarbeit, Bachelor- und Masterarbeit

- Ihr eigenes eBook und Buch - weltweit in allen wichtigen Shops

- Verdienen Sie an jedem Verkauf

Jetzt bei www.GRIN.com hochladen und kostenlos publizieren